LA DÉPOSITION
de Hélène Pedneault
est le deux cent quarante-troisième ouvrage
publié chez
VLB ÉDITEUR.

Chroniques délinquantes (*à paraître*)

Hélène Pedneault

La déposition

théâtre

vlb éditeur

VLB ÉDITEUR
4665, rue Berri
Montréal, Québec
H2J 2R6
Tél.: (514) 524.2019

Maquette de la couverture:
Mario Leclerc

Photos:
Louise Oligny

Photocomposition:
Atelier LHR

Toute représentation de cette pièce, en tout ou en partie, par quelque moyen que ce soit, par tout groupe, amateur ou professionnel, qu'il y ait un prix d'admission ou non, est formellement interdite sans l'autorisation de l'auteure. Pour obtenir cette autorisation, veuillez communiquer avec l'auteure, en écrivant au CEAD, 426, rue Sherbrooke Est, Montréal, Qc H2L 1J6.

Distribution en librairies et dans les tabagies:
AGENCE DE DISTRIBUTION POPULAIRE
955, rue Amherst
Montréal, Québec
H2L 3K4
Tél. à Montréal: 523.1182
        de l'extérieur: 1.800.361.4806

©VLB ÉDITEUR & Hélène Pedneault, 1988
Dépôt légal — 1er trimestre 1988
Bibliothèque nationale du Québec
ISBN 2-89005-293-1

LA DÉPOSITION
a été créée à l'Espace GO,
5066, rue Clark à Montréal,
le 20 janvier 1988
dans une production
du Théâtre Expérimental des femmes
une mise en scène de Claude Poissant
assisté de Martine Laliberté
une scénographie (décor et costumes) de Ginette Noiseux
des lumières de Carlos Ferrand
une régie de Sabrina Steenhaut
une conception sonore de Diane Lebœuf
une direction de production de Dominique Lemay
assistée de Josée-Gabrielle Morisset
une publicité de Monique Lapointe
assistée de Marie-Linda Bilodeau
des photos de Louise Oligny.

Les vidéos ont été réalisés par Bénédicte Ronfard,
avec James O. de Brugh Galway à la caméra.

PERSONNAGES

LÉNA FULVI, 35 ans

L'INSPECTEUR, environ 40 ans

LAURA FULVI, 40 ans (*sur vidéo*)

LISA FULVI, 34 ans (*sur vidéo*)

DISTRIBUTION

Léna Fulvi: LOUISE LAPRADE
L'inspecteur: RENÉ GAGNON
Laura Fulvi (*sur vidéo*): ANGÈLE COUTU
Lisa Fulvi (*sur vidéo*): JASMINE DUBÉ

Le théâtre c'est, à l'origine, un texte. Mais c'est surtout une œuvre collective, une addition de talents, des arts entremêlés: musique, lumières, tissus, mots, pour des corps en mouvement, pour des âmes en perdition de réel qui ont vendu leur chair à l'émotion.

Un premier livre, il ne faut pas être seule, parce qu'il fait froid. Alors ça se dédicace beaucoup.

D'abord, à Lucienne Fellice, ma mère.

Puis, à Louise Laprade, Ginette Noiseux et Lise Vaillancourt, pour la confiance, pour la M.A.F.I.A...

Aussi, à toute l'équipe de création, metteur en scène et interprètes: Claude, Louise, René, Angèle et Jasmine.

La vie de quelqu'un qui s'éteint de mort naturelle peut être enterrée avec lui. Celle de cette femme serait peu à peu dévoilée, événement après événement, aussi obscure qu'elle ait pu être, jusqu'à ce que cette vie ait pris le caractère d'une biographie.

RUTH RENDELL,
Étrange créature

Avant-propos

Pour moi, la texture de cette pièce est très cinématographique. Les trois parties sont distinctes les unes des autres, l'écriture même est différente, ainsi que l'ambiance et le rapport entre l'inspecteur et l'accusée. L'éclairage est primordial. En première partie, nous n'entendons pas les répliques de l'inspecteur, mais il est là, de dos probablement. On le voit bouger, s'allumer une cigarette, etc. Il est dans l'exacte position de la personne qui interroge dans les deux vidéos. Si on n'entend pas ce qu'il dit, c'est peut-être dû à la schizophrénie de la fille. Je ne sais pas.

Le mouvement passe du statique, de l'isolement, au contact. Il y a une montée dans le mouvement en même temps qu'une montée vers la lumière, l'ouverture, l'émotion.

L'inspecteur est petit, pas du tout impressionnant. À la limite, il n'est pas plus grand que la fille. Il a un côté débonnaire qui alterne avec quelques mouvements d'impatience qu'il ne peut contrôler tout à fait. Mais il n'est jamais violent. Parfois sec et tranchant, mais pas violent. La fille, eh bien... c'est Louise Laprade. C'est tout.

Première partie

. . . .

ELLE
Je m'appelle Léna Fulvi. Je suis née en 1952, à Jonquière.

. . . .

Non. Pas au Lac-Saint-Jean, au Saguenay. Je vous dis ça à
cause du chauvinisme, mais aussi par souci de précision
géographique. Le Saguenay est anguleux, enfoncé dans
ses falaises dont on dit qu'ils sont des fjords. Le lac Saint-
Jean est plat, large, plutôt rond si je me fie à la carte. On
ne voit pas de l'autre côté, comme une mer. Le Saguenay
est une rivière qui a ses marées. C'est une malformation
congénitale. Les vagues sont hautes et les fonds sont sans
fond à certains endroits, dit-on. Il y a des trous, des
gouffres. Dedans il y a des crevettes, du mercure de l'Al-
can, et des pêcheurs y ont déjà trouvé des requins de 400
livres dans leurs filets. Pas des mangeurs d'hommes
quand même. Des baleines s'y égarent parfois quand
elles perdent le fil. On ne peut pas manger les crevettes à
cause du mercure. Alors vous voyez, ce n'est pas une
rivière comme les autres. Le lac Saint-Jean est ce qui reste
de la Mer de Champlain. Je ne peux pas vous garantir
que ce n'est pas une légende. C'est une mer morte avec
de la ouananiche dedans et des cours à scrap tout le tour.

Aimez-vous le nom Metabetchouan? Les noms indiens sont très importants pour les touristes. Ça les attire. Au Saguenay...

. . . .

Pourquoi je vous raconte tout ça? Mais monsieur l'inspecteur, je ne viens pas de rien. Je suis née là, au milieu d'une sorte d'extravagance. Ça peut expliquer des choses. Les destins couvent bien quelque part non? Il n'y avait qu'une seule route pour s'y rendre, une seule vraie route pas très large. Une seule route pour en sortir aussi. Alors avait-on le choix?

. . . .

Mais celui d'inventer, monsieur l'inspecteur. Inventer des routes de l'intérieur et appeler ça un royaume. On cuvait sa vie là-bas. Les hivers étaient longs dans mon enfance. On avait le temps de jongler à profusion. Les hivers sont moins rigoureux maintenant. On parle de réchauffement de la planète, je ne sais pas ce que ça vaut comme théorie.

. . . .

Je suis née au mois d'avril, le 14. Un lundi de Pâques. Vers 8 heures et demie du matin.

. . . .

Oui, je suis Bélier.

. . . .

C'est vrai, nous pouvons être très violents. Mais depuis quand la police s'intéresse-t-elle aux signes astrologiques?

. . . .

Bon, très bien. Je suis née au mois d'avril et ma tante Sauvage est venue «relever» ma mère. Je suis née à la maison. Ma tante Alice, la sœur de ma grand-mère, a accouché ma mère, et le docteur Lapointe est venu vérifier si le travail avait été bien fait. Mais j'étais déjà née. Je ne suis dans aucun registre d'hôpital mais j'ai un baptistère. Ma mère m'a dit que je suis née avec des seins. Il paraît que ça arrive chez les bébés parfois. On m'a mis des compresses pour...

. . . .

Ce ne sont pas des détails inutiles, c'est ma vie. C'est à ma naissance que tout a commencé. Vous voulez savoir l'histoire oui ou non?

. . . .

Ma tante Sauvage est restée chez nous à partir de ce moment-là. «Tante» est d'ailleurs le premier mot que j'ai dit, à six mois. Ma mère m'en a voulu pendant longtemps, c'est pour ça que je m'en souviens. C'est un souvenir emprunté. Ma mère était très émotive à chaque fois qu'elle en parlait.

. . . .

Ensuite? J'ai dû grandir. Je n'ai eu aucune des maladies courantes chez les enfants, sauf les oreillons, d'un seul côté. Mon père a été obligé de me prendre dans ses bras

pour que le docteur Lapointe puisse me faire une piqûre. Le docteur avait une voix terriblement caverneuse, profonde. J'avais peur de tomber dedans. Je hurlais. Après j'ai dormi dans les bras de mon père qui me berçait. Mais ça c'est plus tard, rue Montfort. Je devais avoir cinq ou six ans. J'en saute des grands bouts. Je suis née dans un tout petit appartement, ruelle Tremblay. Un troisième, derrière la pharmacie Pelletier où mon parrain a longtemps travaillé comme livreur. La ruelle n'existe plus aujourd'hui. Il me semble avoir vu un stationnement à cet endroit, derrière une pizzeria très courue, une fois, quand j'y suis retournée.

Je devais avoir un an et demi quand nous avons quitté la ruelle Tremblay pour la rue Saint-François, à deux pas derrière. Nous n'allions jamais très loin. Il paraît qu'à chaque fois qu'un meuble sortait de la maison, je criais. Je n'ai jamais pu supporter les déménagements, ce n'est pas d'aujourd'hui. Vous voyez bien que les histoires commencent loin parfois.

. . . .

Ce souvenir-là ne m'appartient pas non plus. C'est ma mère qui s'en est souvenue à ma place. Heureusement qu'elle était là pour me regarder vivre, sinon je n'aurais aucune espèce de biographie. J'ai tardé à sortir des limbes alors que tout le monde autour de moi vivait déjà dans une famille.

Il paraît que j'étais une enfant très autonome qui ne voulait jamais qu'on l'aide à nouer ses lacets de bottines. C'est l'exemple que ma mère utilisait toujours pour prouver mon autonomie. Elle n'avait pas l'air d'avoir apprécié cette indépendance. En fait, le seul souvenir personnel qui me revient de cet épisode de la ruelle

Tremblay, c'est quand j'ai laissé ma bouteille. Ma mère dit que j'avais onze mois. Mais peut-être qu'elle se trompe. Et c'était peut-être rue Saint-François après tout. Peu importe. Ma tante Sauvage était devant moi, très grande. J'étais minuscule. Je cassais mon cou pour la regarder. Elle me disait: «Tu es bien trop grande pour avoir encore une bouteille. Va la jeter.» La poubelle était à ma droite. J'ai marché lentement, j'ai ouvert la poubelle de métal blanc, et j'ai mis la bouteille dedans, le cœur gros. J'avais jugé qu'elle devait avoir raison, mais je hurlais intérieurement de perdre cette bouteille. C'est peut-être à ce moment-là que j'ai commencé à me ronger les ongles et à bâtir ma réputation de cœur dur. Je ne sais pas. Il me semble que je me suis toujours rongé les ongles. (*Elle regarde ses deux mains ouvertes, pensive, détachée.*) Et j'ai souvent fait des choses contre moi aussi. Les deux vont ensemble. À l'extérieur je souriais.

Je me suis toujours demandé à quoi pouvaient servir des mains si on ne pouvait pas toucher sa mère. J'aurais préféré ne pas en avoir. J'ai dû tenter de les faire disparaître en me rongeant les doigts. J'étais naïve et persévérante. Voyez... je crois encore que je peux y arriver.

. . . .

Non monsieur l'inspecteur. Je ne peux pas en venir aux faits rapidement. J'y suis déjà aux faits. Le processus est déclenché et je ne peux ni l'accélérer, ni l'amputer. C'est inexorable. Vivez-vous parfois dans l'inexorable monsieur l'inspecteur?

. . . .

Oui, je continue. De toute façon, je n'ai pas le choix.

Ma tante était toujours là. Elle habitait avec nous. Elle m'emmenait partout avec elle et m'appelait ma fille. Nous sommes allées très souvent à Québec ensemble, en autobus. Une fois aussi à Montréal, en train. C'est là, pour la première fois de ma vie, à travers la vitre du train, que j'ai pris contact avec la solitude qui n'a pas de fin. Je voyais des arbres tout seuls au milieu d'un grand champ, et une tristesse qui n'a pas de fin elle non plus m'a fait perdre le souffle un instant. Je ne sais pas le nom de ces arbres. Des ormes peut-être. Ils auraient dû avoir d'autres arbres pour les accompagner. J'ai gardé cette tristesse pour moi toute seule, comme une mauvaise pensée. Je me suis arrangée avec. Mais cette image ne m'a jamais quittée. Aujourd'hui encore, quand je les vois, j'ai un pincement. Évidemment, le pincement prend moins de place dans mon corps adulte que dans mon corps enfant. La surface n'est pas la même. Le pincement accroche moins de matière au passage.

Pour en revenir à ma tante Sauvage, elle m'emmenait parfois travailler avec elle, dans l'odeur des tissus. Elle était couturière chez Gagnon Frères à Arvida. Je jouais sans me lasser jamais avec des rouleaux de fil vides, des montagnes de couleurs, de textures. Je suis restée très sensible aux tissus. Je me promenais dans le magasin, sous les robes suspendues. Je me perdais dans ces odeurs et ces couleurs délirantes comme on se perd dans une fièvre. J'étais bien avec ma tante. Elle m'achetait des choses. Le plus beau cahier à colorier que j'ai jamais eu, c'est elle qui me l'a donné. Elle me ramassait les rouleaux de fil vides par sacs entiers, et sur la table de la cuisine je construisais des villes, des forts, des tranchées, avec des soldats en plastique vert qu'on ramassait à l'époque dans les sacs de chips à 5 cents.

Je jouais seule.

Ma tante avait un coffre de cèdre rempli de merveilles où je pouvais fouiller tant que je voulais. Elle a eu un accordéon-piano, un petit orgue, une flûte. Je n'ai jamais rien brisé, j'étais libre.

....

Ma mère n'aimait pas ça, non. Je crois qu'elle s'est sentie lésée dans son instinct maternel, quelque chose comme ça. Les deux sœurs étaient en compétition à mon sujet. Alors je jouais sur les deux tableaux. J'aurais été folle de ne pas en profiter.

....

Mon père? Il était au travail pendant huit heures, de huit à quatre, de quatre à minuit ou de minuit à huit. Il était sur les «chiffres». C'est ce mot que j'entendais du moins. Mais je crois que c'était une déformation française du mot «shift» qui veut dire roulement. Mon père ne parlait pas un mot d'anglais. Mais quand il était en congé, il était en «loafage», et quand il attendait un chèque de rétroactivité, il attendait son «back time». Moi j'entendais «bactême», comme «baptême». Et comme ce mot provoquait beaucoup de joie chez mon père et ma mère, je l'associais à une fête comme on en fait pour un baptême. Ma logique comprenait tout. Tous les boss étaient anglais chez Price Brother's, dans une région francophone à 99,9%. Ma logique comprenait ça aussi. Quand mon père ne travaillait pas, il dormait beaucoup. Il dormait surtout en fait. Ou il bricolait, il lisait, il allait à la chasse, à la pêche, et aux pratiques de la fanfare de Jonquière. Il jouait du saxophone et de la clarinette. Quand je n'étais pas avec ma tante, j'étais avec lui. Il m'emmenait partout. Avec lui. J'étais le garçon qu'il n'avait pas.

J'ai des photos de ça.

. . . .

Oh! il était en terrain neutre, il ne s'en mêlait pas. Il voulait avoir la paix je crois. Il a choisi la crise cardiaque vite fait bien fait pour l'avoir définitivement. Maintenant, avec mes yeux adultes, je pense que ma tante a été très amoureuse de lui. À son enterrement, elle a sangloté derrière la plus grosse colonne de l'église Saint-Dominique, comme une paria, en cachette. Je l'ai vue. Je cherche toujours à savoir où elle est quand toute la famille est obligée de se réunir dans des événements comme ça. Petite, je ne pouvais pas soupçonner qu'elle pouvait avoir un sentiment trouble pour mon père. C'était une vieille fille. Par définition elle n'aimait et ne pouvait aimer personne. Ma logique comprenait ça, ma mère me l'avait bien expliqué en détail parce que j'allais finir comme ma tante, c'était évident. J'en avais déduit que l'état de vieille fille était quelque chose de contagieux que j'avais attrapé de ma tante parce que je l'aimais. Je vivais ça comme une fatalité. J'ai toujours préféré le présent à l'avenir.

. . . .

Le cœur du sujet? C'est un sujet qui n'a pas de cœur, vous le savez bien.

. . . .

Je ne m'énerve pas.

. . . .

Il faut que je continue. Je n'ai pas besoin de vous pour le savoir. J'ai perdu le fil. Où en étais-je?...

. . . .

Oui. Mon père. À nous deux, nous formions obligatoirement un clan aux yeux des autres. Celui du silence et des livres. Il m'emmenait à la pêche à la rivière aux Sables sur la barre de son bicycle. À la chasse aussi. Partout. Dans les quincailleries. Partout. Avec lui j'avais accès au monde entier. Aux pratiques de la fanfare, je m'assoyais sans dire un mot parmi les boîtes d'instruments vides. La plupart avaient un fond de velours rouge très très doux. Il y avait une senteur très particulière dans ces boîtes... L'odeur des anches de clarinette ou de saxophone. Avez-vous déjà senti une anche de clarinette?

. . . .

Mais au contraire, c'est très important pour comprendre mon histoire. La majorité de mes souvenirs se trouvent dans mon nez. Cette mémoire m'appartient en exclusivité et vous allez l'entendre, que vous le vouliez ou non. Sinon je me tais et vous trouverez vos explications vous-même.

. . . .

Mais je ne veux rien obstruer. Vous voyez bien que je suis tout ouverte. J'ouvre les barrages. À propos, avez-vous déjà visité le barrage de Shipshaw? Il y a un pont en aluminium, le seul au monde, avec plein de graffitis écrits dessus. Nous allions les lire, le dimanche après-midi, en faisant un «tour de machine», comme on disait dans le temps. Tous les dimanches après-midi nous allions faire un tour. J'avais mal au cœur en auto, et mon père avait accroché une chaîne derrière à cause du magnétisme ou de la gravité, je ne sais pas. Mais c'était efficace. Souvent nous allions à Saint-Bruno pour manger une crème glacée molle ou du fromage en crottes. Parfois au pont d'aluminium. Vous voyez, monsieur l'inspecteur, nous étions des gens simples qui se contentaient de peu.

Dans ce temps-là, je ne pleurais pas. Comment voulez-vous pleurer une histoire sèche, monsieur l'inspecteur. Avez-vous déjà essayé? (*Elle a l'air de trouver ça très drôle.*) Il n'y a aucune humidité là-dedans. Pas d'eau, que du sel. Le désert. Le désert, monsieur l'inspecteur. Pas une goutte de pluie. J'ai vécu la plus longue sécheresse de l'histoire de l'humanité. Vous ne me croyez pas?

Vous avez raison, je mens. J'ai tellement pleuré. Tellement. Mais la terre était si sèche que mes larmes n'ont jamais suffi. Essayez donc d'arroser le Sahara avec un arrosoir à pomme trouée... Alors disons que j'étais un arrosoir à pomme trouée. Écrivez ça dans votre rapport: «Léna Fulvi dit qu'elle était un arrosoir à pomme trouée.» Ça fera bonne impression sur le jury si mon avocate décide de plaider la folie.

Mais je ne suis jamais arrivée à me liquéfier cependant, à fondre en larmes au sens strict de l'expression. Avez-vous remarqué, monsieur l'inspecteur, comme les expressions courantes n'arrêtent pas de mentir? Et pourtant on les emploie d'abondance, sans penser: «Mourir de rire» ou «brûler d'amour». Ça n'arrive jamais à personne. Vous pensez ça se saurait, avec les gros titres automatiques.

Vous avez l'air de vous ennuyer, monsieur l'inspecteur...

. . . .

Je vous ai vu retenir un bâillement, ne mentez pas. Vous pouvez aller dormir si vous voulez. Branchez un magnétophone et je continuerai de parler. Je sais très bien comment ça fonctionne, je suis journaliste. En fait, je n'ai pas vraiment besoin de vous pour parler. Ça coule de toutes parts, je crois que je ne pourrai plus jamais m'arrêter.

. . . .

Je ne me moque pas de vous, je compatis. Votre femme vous attend peut-être?

. . . .

Bon. Mais soyez attentif, je ne répèterai pas. Je me suis assez répétée dans ma vie, c'est terminé. Je n'ai pas eu d'enfant probablement pour cette raison: pour ne pas me répéter davantage. Croyez-vous que les gens qui ont des enfants veulent se répéter volontairement?

. . . .

Ça n'a pas de sens, je suis d'accord avec vous. Je vais peut-être me mettre à dérailler définitivement après tout. Comme ça mon avocate pourra se permettre d'être honnête et de bonne foi en plaidant la folie. Convaincante surtout. Dites-lui que je commence à dérailler, ça l'encouragera. Si c'est moi qui lui dis, elle croira que je la prends en pitié. Mais de votre part, ça l'impressionnera. Vous êtes un homme objectif. Vous voulez bien?

. . . .

Mais je ne joue pas.

. . . .

C'est vrai, il est tard. Alors je vous ai dit que, quand je n'étais pas avec ma tante, j'étais avec mon père. J'étais une enfant sauvage. Quand il venait de la visite à la maison, j'allais me cacher dans ma chambre. Ma mère me criait dans l'escalier de venir dire bonjour au moins. Mais je faisais la sourde oreille. Elle rageait mais elle n'osait pas insister de peur d'incommoder la visite. Ma mère était très «sociale». Elle a toujours eu honte de moi et de mon père à ce sujet. Par ailleurs elle était très fière de mon intelligence. Elle en parlait beaucoup. J'ai toujours eu l'impression qu'elle se vantait de ça.

Avant de commencer l'école, le seul autre souvenir précis de mon enfance, c'est quand j'ai traité ma mère de «maudite chienne».

. . . .

J'avais trois ans à peu près. J'étais sur une balançoire. C'était l'automne puisque je portais un béret. Ma mère voulait prendre une photo. J'avais horreur de ça.

. . . .

Oui, j'ai écrit ce souvenir-là un jour. Mais comment le savez-vous? Je n'ai même pas fini de l'écrire...

. . . .

Quoi? Vous avez fouillé dans mes papiers? Et vous appelez ça perquisitionner? Mais c'est infect. C'est à moi ce souvenir-là, vous n'avez pas le droit de me le prendre.

LUI

Ce n'est plus un souvenir, c'est une pièce à conviction.
Ça fera une bien jolie preuve...

ELLE

Une preuve? Vous allez en faire une preuve? Mais je n'ai
pas écrit une preuve, j'ai écrit une révolte. Écoutez,
j'avais trois ans...

LUI

Janvier-mars 1980...

ELLE

Je sais que je l'ai écrit vingt-cinq ans plus tard. Je ne
pouvais tout de même pas le faire à trois ans. L'incuba-
tion a été longue. Je fais affaire à des fous. J'en suis cer-
taine. Des malades. Mais vous savez bien que tout peut
être la fin du monde pour une enfant de trois ans...

LUI

C'est plein de haine là-dedans...

ELLE

Oui il y a de la haine dans ce texte, beaucoup de haine.
Il fallait bien que je la sorte quelque part. Un papier sur
lequel on écrit de la haine ne souffre pas, lui.

LUI

C'est une preuve de préméditation.

ELLE

Une preuve de préméditation? De *préméditation*? Mais
vous savez bien que c'est un accident. On ne prémédite
pas un accident. Écoutez. Je suis devant vous pour vous
raconter, du mieux que je peux, les circonstances d'un
accident qui a commencé dans mon enfance pour arriver
30 ans plus tard. C'est un accident en différé. Ce n'est

pas autre chose et vous ne me ferez pas admettre autre chose. Ramenez-moi dans ma cellule.

Je vous vois venir. Je vais me retrouver avec un meurtre au premier degré sur le dos. Je ne marche pas dans votre combine. Je ne suis pas une meurtrière. C'était un accident. UN ACCIDENT!

Souvenir d'enfance

«Maudite chienne.»
Comme un couteau.
«Maudite chienne.»

Elle retenait ce haut-le-cœur depuis trois ans. Elle avait trois ans. Les deux mots étaient d'ailleurs beaucoup trop gros pour le minuscule corps qui les vomissait.

Le couteau siffla entre les dents de la petite fille et vint se ficher, à une vitesse lumineuse, en plein cœur du corps qui se trouvait dans sa trajectoire. C'était un corps lourd, avec des ronds comme des lunes mais sans les cratères. Il est très important de le préciser parce que c'était un corps lisse, un corps corseté la plupart du temps. À des cratères on peut toujours s'accrocher.

Ce corps n'a même pas tressailli sous l'onde de choc. Le couteau disparut facilement dans les chairs nombreuses. Mais le regard et le corps devinrent des angles coupants, probablement nourris par le fil aiguisé du couteau. Elle avait l'art d'apprêter tous genres de restes, d'utiliser, de transformer toute matière. C'était une vraie mère. La balançoire n'avait même pas fini de bondir que tous ces événements étaient passés. Une seconde, une heure, une année, une vie. Tout était passé. Y compris le regard de haine de la petite fille qui avait tellement crispé ses doigts sur les cordes de la balançoire qu'elle sentait que ses doigts étaient peut-être devenus de la même chair que la corde. Il aurait fallu qu'elle vérifie, mais elle n'avait pas le temps. Seulement le temps de vomir du regard et de la peau. Seulement le temps de déverser sa haine. Le barrage ne tenait plus.

Le corps n'avait pas bougé encore. Il se rentrait par en-dedans. Il devenait plus lourd encore pour préparer l'éclat. La petite fille n'avait pas peur de l'éclat. Elle connaissait bien ce recueillement des fauves avant la curée. Elle n'était pas la proie mais l'autre fauve.

«*Non maman, prends pas ton kodak. Maman maman, non. J'aime pas ça être posée. MAMAN. Rires-œil-clic-rires-rires-rires. Des témoins rient. Prisonnière dans la boîte, dans le rire. Prisonnière. Du rire contre les parois de son crâne comme sur une peau de tambour. De l'écho. Des témoins rient et ça fait de l'écho. Comme dans le masque à gaz chez le dentiste. Le bruit insoutenable du gaz et des rires.*»

«Maudite chienne.»

Une brèche. Faire une brèche pour fuir, pour respirer, pour en finir avec cette enfance si longue dont je ne veux pas. Une brèche dans sa carcasse blindée, inusable, inoxydable, dans sa carcasse qui pique. Je ne veux pas caresser un cactus. Ne m'obligez pas à avoir envie de caresser un cactus.

Faire une brèche, une brèche aussi grosse qu'elle est loin. Creuser avec les mots qui sont mes poings. Saigner la haine, saigner à l'aine, comme quand c'est la dernière solution, comme quand c'est la dernière chose à tenter sur un corps pâle qui meurt dans un lit blanc. Saigner à l'aine. Couper les ponts et saboter tous les éventuels projets de pont. Monter la garde, de jour et de nuit. Ne pas supporter l'idée de pont. Je n'en veux pas de cette enfance dans laquelle vous m'avez installée.

Janvier-mars 1980

Deuxième partie

LUI

On s'est quittés un peu froidement hier. Excusez-moi.
J'ai été un peu brusque avec vous.

. . . .

Très bien. Je respecte votre silence. On va essayer de s'y
retrouver. Je vais tenter un résumé. Vous m'approuverez
ou me corrigerez si je me trompe. Je me contenterai d'un
signe de tête.

. . . .

Vous fumez?

. . . .

Même mon feu vous ne l'acceptez pas. Vous ne me facili-
tez pas la tâche. C'est vrai que vous êtes une personne
très autonome... Avec ce blitz anti-tabac, les attentats
qui se multiplient contre les fumeurs, on sera obligés
bientôt de prendre le maquis. Je ne peux fumer maintenant que dans ce coqueron qui me sert de bureau, c'est
désolant. En fait, je pense que c'est la culpabilité de continuer de fumer malgré les injonctions qui va finir par

tuer tous les fumeurs. Pas le cancer du poumon. On deviendra des loques rongées par la culpabilité. «Est mort de culpabilité le 18 juillet dernier...» Une nouvelle rubrique dans les statistiques. Parce que la culpabilité tue, vous saviez ça?

. . . .

Je ne réussis même pas à vous faire rire. Ma mère me disait toujours que quand on ne vaut pas une risée, on ne vaut pas grand-chose.

. . . .

Bon. Venons-en aux faits. Je me rends compte que je suis en train de copier votre style: je fais dans la digression.

. . . .

Je suis un peu caméléon sur les bords. Je prends la couleur des murs, des ambiances, des vocabulaires qui circulent dans une pièce. Je suis une éponge insatiable. On se demande parfois comment on peut arriver à contenir toutes ces eaux en même temps: claires, troubles, stagnantes, impétueuses. Je copie l'inspecteur Maigret. Je suis loin d'avoir son physique, mais je peux devenir aussi épais que lui. Épais dans le sens de la densité, bien sûr. Je me suis laissé dire que vous aimiez beaucoup les romans policiers. C'est exact?

. . . .

Vous soupirez? Je n'ai aucun talent pour la conversation de salon. Moi qui voulais vous détendre, je vous ennuie. Alors venons-en aux faits.

Oui, on a fouillé dans vos papiers. Oui, on veut prouver le meurtre avec préméditation. Nous avons tous les droits à partir du moment où il y a eu *meurtre*. Un meurtre: quelqu'un tue quelqu'un d'autre, lui enlève *sa* vie. L'attaque la plus grave contre la propriété. Personne n'a le droit de faire ça. Et vous, vous l'avez fait. En plus, vous y avez pensé pendant très longtemps. Vous avez prémédité votre geste soigneusement. Alors pourquoi vous entêtez-vous à nous raconter votre vie jusqu'au plus infime détail plutôt que de nous dire simplement: «J'ai tué ma mère. J'ai tué ma mère parce que je la détestais profondément. Mon geste est l'apothéose d'une formidable histoire de haine.» Dites-le...

ELLE

Oh, ça va! J'ai haï ma mère. Rien de plus banal.

LUI

Tiens, le chat vous a remis votre langue? Mais cette «banalité» se rend rarement jusqu'au meurtre.

ELLE

Je ne l'ai pas tuée. Je me tue à vous dire que c'était un accident. Un déplorable accident.

LUI

Déposition de garde Jeanne Bouchard: «Quand je suis entrée dans la chambre, vers deux heures du matin, l'accusée tenait à la main une seringue hypodermique et regardait fixement le visage de sa mère.» Etc. Tout y est. On appelle ça un «témoin oculaire». C'est suffisant pour vous faire condamner. Je n'ai même pas besoin de vos aveux. Si je continue, c'est pour vous. Uniquement pour vous.

ELLE

Oh!... un cœur tendre!

LUI

Je pourrais classer cette affaire en cinq minutes si je voulais, et vous abandonner à votre procès.

ELLE

Alors qu'est-ce que vous attendez?

LUI

Quelque chose me retient. Je ne sais pas quoi. Je n'aime pas les choses trop évidentes, et je n'aime pas non plus vos explications insensées. Je veux vous faire entendre raison. Entendre-Raison: ça dit bien ce que ça veut dire. Je ne sais pas pourquoi vous vous entêtez dans vos absurdités d'accident. Ça ne colle pas. Vous n'êtes pas folle du tout. Vous visez une réduction de peine pour cause de folie ou quoi? C'est ça? Vous pouvez me le dire, on n'a pas de témoin.

ELLE

Quand on est aveugle, inspecteur, on peut difficilement se crever un point noir.

LUI

Qu'est-ce que vous me chantez là?

ELLE

L'unique chanson que je connaisse: la chanson du destin aveugle. Comme l'amour. Comme la haine. Vous voulez que je vous la chante?

Le 11 juillet dernier, nous sommes devenus cinq milliards à cohabiter sur la même boule. Ce n'est plus une planète, c'est un kyste monstrueux. Cinq milliards d'aveugles, monsieur l'inspecteur. C'est beaucoup, non? C'est l'O.N.U. qui nous a annoncé la bonne nouvelle. Je l'ai découpée dans *La Presse*. Vous n'avez pas trouvé cette découpure en fouillant dans mes affaires? Tiens, elle a dû vous échapper. Vous n'êtes pas très minutieux dans la police. Vous pratiquez encore avec bonne humeur la technique de la grosse bottine cloutée sur des doigts d'enfant! C'était pourtant une «pièce à conviction» tout aussi importante que mon souvenir d'enfance que vous avez profané.

Nous sommes cinq milliards, inspecteur, et vous perdez votre temps avec l'histoire banale et sans intérêt de deux individues qui n'y sont pas arrivées. Quel luxe!

LUI

Arrivées à quoi?

ELLE

À vivre, simplement à vivre. Et l'une a tué l'autre pour que ça finisse. N'importe quoi, n'importe comment, pourvu que ça finisse.

LUI

Vous avouez...

ELLE

Je n'avoue rien du tout. Je maintiens que c'était un accident. Un accident de la haine ou un accident de la route, c'est pareil. Ça ne pouvait pas finir autrement entre nous.

Elle agonisait depuis huit jours, inspecteur. Elle se vidait de son sang. On la remplissait par le bras et elle se vidait à mesure. C'était absurde. Ça faisait vingt ans qu'elle essayait de mourir et qu'elle n'y arrivait pas. Elle n'était pas douée. Et une nuit, pendant que je lisais à côté de son lit, je l'ai regardée distraitement, comme je faisais souvent. Je vous jure, inspecteur, distraitement. Et elle est morte. Je ne savais pas que j'étais chargée. J'étais comme un fusil qu'on nettoie et qu'on croit vide. Je l'ai regardée, et elle est morte. Ma décharge lui a fait un énorme trou au cœur. Il y avait du sang partout, et un trou dans le mur derrière sa tête aussi. Il y avait des trous partout. Du sang partout. J'étais tellement désolée, comme devant une grosse gaffe qu'on ne peut pas rattraper. Je ne savais pas quoi faire. Et c'est là que garde Jeanne Bouchard, votre fameux témoin à charge, est entrée. Je lui ai dit: elle est morte, regardez, elle est morte... Je ne voulais pas lui faire de mal.

LUI

Vous fabulez...

ELLE

Je ne croyais pas que la haine pouvait être quelque chose d'aussi... autonome. Je croyais la contrôler habilement, comme tout le monde. Ce sont des choses qui arrivent vous savez: la haine, la perte de contrôle, toutes ces choses...

LUI

Ça suffit. Il n'y avait ni blessure, ni sang.

ELLE

Si. Il y avait du sang partout. Je ne voyais que ça.

LUI

Il n'y avait pas de blessure, il n'y avait pas de sang. Il n'y avait qu'un petit trou d'aiguille de plus au creux du bras de votre mère. Un petit trou par lequel vous avez injecté de l'air, ce qui a provoqué une embolie mortelle. Si garde Bouchard n'était pas arrivée par hasard à ce moment-là, vous commettiez un crime parfait. Tout le monde n'y aurait vu que du feu. Après tout, votre mère se mourait déjà. Même technique que dans le livre de Dorothy Sayers, *Arrêt du cœur*, que j'ai trouvé dans votre bibliothèque.

ELLE

Vous auriez dû fouiller davantage, parce que le même type de meurtre se retrouve aussi dans *La danse de Salomé* de Ruth Rendell. Elle fait référence elle aussi à Dorothy Sayers, la première à avoir utilisé cette technique. Dans le cas de Rendell, le trou de l'aiguille se perdait dans une série de piqûres de guêpes. C'est une technique qui semble se passer d'une femme à une autre. Curieux n'est-ce pas? De Sayers à Rendell...

LUI

... à Fulvi! Une preuve supplémentaire de préméditation. Comme si j'en avais besoin d'une autre. Vous disiez souvent à vos ami-e-s que vous saviez comment commettre LE crime parfait. Cessez ce jeu cruel. Avouez simplement que vous détestiez votre mère, et que vous l'avez tuée froidement après y avoir pensé pendant des années. À la limite, vous pourriez invoquer l'euthanasie puisqu'elle agonisait et qu'elle souffrait. Ça pourrait même vous valoir beaucoup d'allié-e-s par les temps qui courent. Et une réduction de peine.

ELLE

Parfois vous me faites penser à ce que mon père n'était pas...

LUI

Vous racontez vraiment n'importe quoi. Qu'est-ce que ça veut dire encore?

ELLE

Vous ne ressemblez pas du tout à mon père... Mon père me plaisait. Il n'était pas compliqué comme vous.

LUI

Pendant une minute, une minute seulement, si vous

pouviez parler comme tout le monde, on pourrait peut-être se comprendre.

ELLE

Je ne peux pas. Je suis sous le seuil de la pauvreté. Je n'ai jamais eu le temps d'apprendre à parler comme tout le monde. Vous saurez que détester sa mère à ce point-là est un travail à temps plein.

LUI

Je vois.

ELLE

Vous ne voyez rien du tout. Je suis sûre que vous passez la tondeuse le dimanche matin dans votre banlieue en ne sachant même pas que vous emmerdez toute la rue, entouré de vos enfants qui aiment leur papa.

LUI

Tout le monde tond son gazon le dimanche matin en banlieue. On appelle ça «The Suburban symphony»... En passant, je suis célibataire et j'habite une tour du centre-ville. Ça vous va quand même? Pas trop déçue? Bon.

ELLE

Donnez-moi une cigarette.

LUI

Oh!... savez-vous que c'est la première fois que vous me demandez quelque chose? Je suis flatté. Je vais même vous l'allumer moi-même. Comme dans les films de guerre: deux soldats sont dans une tranchée, la nuit, dans le noir. L'un s'allume une cigarette, et il en allume une à l'autre en même temps, les deux cigarettes ensemble dans sa bouche. Il la passe en silence à son compagnon, en aspirant la première bouffée avec le contenu complet de ses poumons, bruyamment, puis en expirant lentement la fumée, sa tête appuyée contre les sacs de terre qui servent de mur. Il me semble avoir vu cette image très souvent dans les films de guerre. Leurs visages sont sales, leurs yeux paraissent plus blancs et brillent dans la pénombre comme des sentinelles, des petits phares, uniquement éclairés par la minuscule braise de leur cigarette. C'est beau. Ils sont fatigués. Ils sont en dehors de l'espoir. Ils attendent. Même pas la victoire. Ils attendent quelque chose qu'ils ne connaissent pas encore.

Je me sens comme ça avec vous. J'ai peur. Je n'ai pas peur de vous, j'ai peur *avec* vous.

Il y a des images semblables dans des films sur les prisons: deux prisonniers dans le noir de leur cellule, silencieux, étendus sur des lits étroits superposés. Au mieux, ils se disent *une* phrase: «Tu veux une clope?» En argot, quand le film est doublé par des Français. La plupart du temps.

ELLE

Vous n'avez pas à avoir peur. Moi je n'ai pas peur. Je suis capable d'assumer ce qui s'est passé comme je serais forcée de le faire si par mégarde je tuais un enfant qui traverse la rue sans regarder. Que voulez-vous que j'y fasse? La vie continue. J'irai en prison parce que personne ne veut me croire, je vivrai une injustice parmi d'autres. Et un jour, je sortirai de prison. C'est tout. J'en profiterai pour écrire, j'aurai la paix. Et je vendrai très cher mes mémoires. Ça se porte beaucoup en ce moment les mémoires...

LUI

Comprenez-moi bien. Je n'ai pas peur *pour* vous. J'ai dit que j'avais peur *avec* vous. J'ai peur aussi, autant que vous.

Vous avez un talent fou pour les routes secondaires, les

chemins de traverse. Le moindre petit sentier invisible, vous le prenez. Et vous oubliez qu'il y a des routes principales, des autoroutes de soleil où l'on peut filer à toute vitesse. Les sous-bois, dans mon métier, on les élimine à coups de faux.

ELLE

Et de vrai. À coups de faux et de vrai il faut dire. Mais où est le faux et le vrai? Je n'ai jamais su. C'est peut-être la cause de l'accident d'ailleurs.

LUI

Écoutez. Je ne sais pas pourquoi vous vous obstinez dans cette thèse irréelle de l'accident, et je *veux* le savoir. Je *veux* que vous admettiez avoir tué votre mère en toute conscience, avec une seringue hypodermique. Le seul fait d'avoir transporté cette seringue dans votre sac prouve la préméditation. Ce n'est pas du tout le type de crime passionnel où l'on tue avec ce qui nous tombe sous la main. Vous l'auriez étouffée avec son oreiller, ce serait différent. Mais il vous a fallu vous procurer cette seringue, la mettre dans votre sac, et attendre le moment propice pour accomplir votre sale travail. Et la raison de ce geste est simple: vous détestiez profondément votre mère.

ELLE

Mais je n'ai jamais nié que je détestais ma mère, si c'est ça que vous cherchez à me faire dire. Mon père, je m'accuse d'avoir haï ma mère, mea culpa. Je me tue à vous le dire, et pourtant je ne meurs jamais.

LUI

Vous m'exaspérez. Je suis une bonne pâte, mais je viens de toucher ma limite. Grâce à vous. Merci, je m'en souviendrai.

Éteignez la lumière derrière vous.

. . . .

LUI

On fait de la résistance? Ça ne fait rien. Je préfère votre silence à vos conneries.

. . . .

LUI

Tournez votre chaise vers cet écran.

. . . .

LUI

Voilà. Voulez-vous une cigarette avant de commencer notre séance de torture? Parce que c'est de ça qu'il s'agit. De torture. Après tout on est bien dans un poste de police. Ça va commencer à paraître. Finie la psychologie douce.

. . . .

LUI

Vous allez quand même prendre une cigarette parce que je pense que vous en aurez besoin bientôt.

Il part le vidéo.

Déposition de Laura Fulvi, sœur de l'accusée

(*sur vidéo*)

J'imagine que la déposition de Laura a lieu le matin. Un rayon de soleil arrive de quelque part. La déposition de Lisa a lieu dans la même journée, mais plutôt en fin d'après-midi. L'éclairage est donc différent. C'est la seule indication du temps passé. Leur visage n'est pas éclairé du tout de la même façon.

La personne qui pose les questions — homme ou femme — est de dos. On entend sa voix. C'est peut-être le même inspecteur.

LAURA
Laura Fulvi, 40 ans.

LUI
Vous êtes l'aînée?

LAURA

Oui, l'aînée des trois filles. J'ai six ans de plus qu'elle, alors vous pensez si j'en ai vu. J'ai toujours prédit que ça finirait comme ça.

LUI

N'allons pas trop vite. Que faites-vous dans la vie?

LAURA

Je suis secrétaire légale depuis vingt-trois ans. Je travaille en ce moment chez Brabant, Simard et Associés. Depuis huit ans.

LUI

Statut civil?

LAURA

Divorcée, deux enfants à ma charge. J'avais marié un irresponsable. Il...

LUI

Je n'ai pas besoin de ces détails. Je veux que vous me parliez de votre sœur Léna, uniquement.

LAURA

C'était une sorte de monstre dans son genre. Elle m'a toujours vaguement fait peur. Mais parce que j'avais six ans de plus, j'ai été moins proche d'elle que ma sœur Lisa qui, elle, avait un an et demi de moins. Elles étaient quasiment forcées d'être toujours ensemble. Ah! la la... ce qu'elle a pu nous en faire voir. La méchanceté pure, monsieur l'inspecteur, comme ça, doit être très rare. Toute petite, déjà, elle crachait son venin. Elle a parlé très tôt, alors elle a été vite habile avec les mots. Elle savait faire du mal avec. Mais elle ne se contentait pas que des mots, elle frappait aussi, avec tout ce qui lui tombait sous la main. Un jour, elle a menacé maman avec le gros

cendrier en verre taillé du salon; une autre fois, c'était avec un couteau de cuisine, le plus long qu'elle a trouvé. Elle a failli la tuer. Il aurait fallu l'enfermer. Elle n'était pas normale. Maman la menaçait souvent de l'envoyer dans une «école de réforme». Elle aurait dû. Elle a été trop bonne, vous voyez ce que ça donné.

En tout cas, malgré tout, ma mère semblait la préférer à nous. Je n'ai jamais compris. En plus, elle était la préférée de ma tante Amélie qui demeurait avec nous. Elle traînait Léna partout et faisait ses quatre volontés. Pour finir, papa la considérait comme le garçon qu'il n'avait pas, et il l'emmenait partout, lui aussi. On aurait dit qu'elle avait un pouvoir...

LUI

Et pourtant, il semble que ça n'allait pas du tout avec votre mère...

LAURA

Ça c'est certain. Ces deux-là se chicanaient à chaque fois qu'elles se croisaient. Ça finissait toujours dans les gros mots, les hurlements et les claquages de portes. Horrible. Nous on ne s'en mêlait jamais, sauf quand Léna voyait trop rouge et menaçait maman de trop près. Pas étonnant que maman soit tombée malade à 44 ans. Avec une enfant pareille...

LUI

Vous croyez que la relation difficile entre Léna et votre mère a provoqué sa maladie?

LAURA

C'est évident. En réalité, c'est à ce moment-là qu'elle l'a vraiment tuée. Là elle n'a fait qu'achever le travail. Si vous l'aviez vue, la sans-cœur, l'été où maman est tombée dans le coma en étendant son linge sur la galerie.

Elle a dormi tout l'été sur le divan du salon, comme si de rien n'était. Elle savait bien que c'était de sa faute. Elle dormait parce qu'elle n'osait pas nous affronter. On lui a fait savoir, d'ailleurs, que c'était à cause d'elle que maman se mourait. Elle faisait l'hypocrite quand elle venait à l'hôpital, elle nous versait quelques larmes. Mais on savait bien que c'était de la comédie et qu'elle était ravie au fond d'avoir réussi à vider la place. Surtout que ma tante Amélie a pris le contrôle de la maison à ce moment-là, pendant les trois mois que maman a été paralysée. Puis après, quand elle a dû se ré-éduquer. Ça été long. Léna ne nous adressait plus la parole, elle filait doux. Elle dormait! Épuisée d'avoir gagné sur son ennemie jurée. Quand maman est morte... enfin quand maman a été tuée, ça faisait vingt ans que sa vie était finie. Mais elle aurait pu vivre encore vingt ans si Léna n'était pas... intervenue.

> *Commentaire de Léna suite aux propos de sa sœur. L'inspecteur met l'enregistrement sur «pause», l'image se fixe.*

ELLE

Elle a raison. C'est vrai que ma mère était insubmersible. Elle était fatiguée morte, et elle ne mourait jamais. S'il n'y avait pas eu cet accident...

LUI

Ce n'était pas un accident.

ELLE

Elle avait l'habitude de l'agonie vous savez. Elle comptait les points sur la mort: 10 à 0, 15 à 0 pour moi. Et elle rayonnait de fierté. Les médecins, eux, ne pouvaient plus rien pour elle depuis longtemps.

Vous croyez que vous allez me faire craquer en m'assénant sans prévenir la déposition de Laura?

Elle repart le vidéo.

LAURA

Elle l'a tuée le jour de ses 65 ans d'ailleurs, le 30 juillet. Elle aurait eu enfin sa pension. Une vraie sadique.

LUI

Comment était votre relation avec votre sœur Léna?

LAURA

Correcte. À cause de la différence d'âge, comme je vous ai dit. De toute façon, elle est partie jeune de la maison, à 18 ans, et moi j'étais déjà mariée. On ne l'a pas vue souvent depuis. Elle nous méprisait. Elle et maman ont cessé de se chicaner à partir de ce moment-là. En fait, la nouvelle tactique de Léna était de faire taire maman à chaque fois qu'elle commençait à dire quelque chose qui ne lui plaisait pas. Et comme maman était malade, elle n'avait plus la même force de caractère qu'avant.

LUI

Alors comment expliquez-vous ce meurtre si tout s'était tassé entre elles?

LAURA

La vengeance monsieur l'inspecteur, purement et simplement. Elle a attendu son heure. Elle s'est retrouvée seule avec elle une nuit, et elle en a profité. Ça s'est vu souvent des gens qui attendent vingt ans pour se venger de quelqu'un. La haine couve comme une braise. Elle nous a toutes déjouées. On ne s'est pas méfiées, Lisa et moi, quand elle nous a dit que nous devrions aller nous coucher, qu'elle pouvait rester seule pour garder maman.

On l'a même remerciée!

LUI

Avez-vous été surprise quand la nouvelle vous est parvenue?

LAURA

Un peu quand même. L'enfance était loin. Je m'en suis voulue d'être partie cette nuit-là. Mais une fois le choc passé, j'ai tout compris. C'était logique. Elle n'avait jamais cessé de la détester et attendait son heure.

Et si elle essaie de vous faire gober qu'elle a fait ça pour abréger les souffrances de maman, ne la croyez surtout pas. Elle est capable de tout, mais certainement pas d'un geste humanitaire! Enfermez-la. C'est ce qu'on aurait dû faire quand elle était petite. Si on avait su...

Long silence.

LUI

Ce sera tout.

De retour à Léna et à l'inspecteur.

ELLE

Ce n'est pas sa faute. Elle n'a jamais été aimée comme elle aurait dû. Ça l'a rendue hargneuse et amère. Elle est intelligente pourtant. Elle devrait savoir que quand un accident *peut* se produire, il est *sûr* de se produire[1]. J'ai lu ça récemment. C'est drôle qu'elle n'ait pas vu l'accident se préparer. Elle aurait pu me prévenir, prévenir maman, m'empêcher de rester seule avec elle, je ne sais pas moi. Elle aurait dû savoir.

---

1. De Romain Gary.

Elle a dû le voir en fait et elle n'a rien dit. Quelle mesquinerie...

LUI

Vous arrive-t-il parfois d'avoir des émotions, des réactions comme tout le monde? Quand j'ai dit à votre sœur que vous défendiez la thèse de l'accident, elle a éclaté de rire. Elle a l'air de s'attendre à n'importe quoi de votre part.

ELLE

Je veux aller dormir.

LUI

Je n'en ai pas fini avec vous. J'ai encore une petite vue à vous montrer.

ELLE

Avec Lisa, je suppose, comme actrice principale?

LUI

Dix sur dix.

ELLE

Je connais aussi ce film par cœur. Je crois même me souvenir que c'est moi qui l'ai écrit. Je veux aller dormir. Si ça vous fait plaisir, regardez-le sans moi. Vous me raconterez...

LUI

Non. Vous allez le regarder avec moi. Je veux vous voir le regarder.

ELLE

Vous espérez que je m'écroule en larmes? C'est raté. Votre dossier est complet, laissez-moi préparer ma défense. La justice des hommes coûte cher pour expliquer un événement qui a déjà toutes les explications nécessaires. Arrêtez les frais. Je suis très sensible aux coûts sociaux. N'oubliez pas que nous sommes cinq milliards maintenant à nourrir. Je veux aller dormir.

L'inspecteur part le vidéo.

Déposition de Lisa Fulvi,
sœur de l'accusée

(sur vidéo)

LISA

Lisa Fulvi, 34 ans. Nous avons dix-huit mois de différence, Léna et moi. Est-ce que je peux fumer? On étouffe ici. Vous ne pourriez pas ouvrir la fenêtre?

La personne de dos sort un instant de l'image puis revient.

LISA

Merci. Comment va-t-elle? Elle doit être soulagée au fond de l'avoir fait. Depuis le temps... Ça soulage quand on fait un geste qu'on retient depuis longtemps. Elle aurait dû se dépenser physiquement, faire du sport, suivre des cours de karaté, ça lui aurait peut-être fait du bien? Elle ne l'aurait peut-être pas tuée si elle avait évacué le mauvais en elle. Léna est une intellectuelle!...

LUI

Vous n'avez pas l'air de douter un instant de la culpabilité de votre sœur...

LISA

Non, pourquoi? Est-ce qu'on ne l'a pas arrêtée et inculpée? Je pensais qu'une infirmière l'avait vue faire... Il y a eu de nouveaux développements?

LUI

Non non, mais on se serait attendu à ce que vous la défendiez un peu...

LISA

Comment voulez-vous qu'on la défende quand quelqu'un l'a vue faire? On passerait pour des vraies folles. On ne peut pas faire ça. De toute manière, moi je n'ai jamais rien compris de ce qui se passait entre elle et maman. Ç'avait l'air terriblement compliqué, du genre attraction-répulsion. C'est bien comme ça qu'on dit?

LUI

Oui. Léna était une personne violente?

LISA

Euh... oui. Surtout que j'étais une de ses victimes préférées quand on était petites. Elle me tirait les cheveux, me pinçait, me traitait de grosse — j'ai toujours été un peu rondelette — et moi je la traitais de maudite maigre et je pleurais. Je me plaignais, j'aimais ça. Mais ce sont des histoires d'enfants. J'ai couru jeune après les garçons, et elle, non. Elle a toujours préféré ses livres. Et quand elle est partie pour Montréal, je n'ai plus rien su de sa vie. Est-ce qu'elle a continué à être violente là-bas aussi?

LUI

Je suis mandaté seulement pour recueillir votre déposition et celle de votre sœur Laura.

LISA

Ah! vous avez rencontré Laura? Une forte personnalité... Je l'admire beaucoup. Fiez-vous sur elle. Tout ce qu'elle vous a dit doit être juste. Elle est très fine psychologue vous savez. Qu'est-ce qu'elle vous a dit?

LUI

Il ne s'agit pas de Laura, il s'agit de vous. Parlez-moi encore de votre relation avec Léna...

LISA

Ma relation avec Léna... je ne sais pas trop. Elle était plus vieille que moi, plus aventureuse aussi. À l'école c'était une bol, et moi ça ne m'intéressait pas. Elle se moquait beaucoup de moi parce que je pleurais tout le temps, pour rien selon elle. Elle m'a souvent fait de la peine en tout cas, mais ça doit être toujours comme ça entre deux sœurs qui sont trop proches...

LUI

Parlez-moi de sa relation avec votre mère...

LISA

Oh! elles ne s'entendaient pas, c'est le moins qu'on puisse dire. Mais ce sont des choses qui arrivent dans toutes les familles. On ne choisit pas ses parents. Moi je dis qu'elles étaient trop pareilles pour s'entendre. J'ai toujours trouvé qu'elles se ressemblaient parce que j'avais peur des deux. Mais je n'ai pas vraiment de souvenirs. Il paraît qu'elle a traité ma mère de maudite chienne à trois ans. Elle a toujours été très précoce. Moi je pleurais, évidemment, quand elle et maman se chicanaient trop fort. Alors je ne me souviens pas de ce qu'elles se disaient. Il faut dire que Léna était très sauvage aussi. Elle s'enfermait souvent dans notre chambre des journées entières, avec un livre ou sa flûte. Maman n'arrêtait pas de lui dire d'aller s'éventer dehors, qu'elle allait finir par sentir le moisi et rester vieille fille comme ma tante Amélie. Léna est très cultivée vous savez. Au bout du compte, je crois que de trop lire ça rend fou. Maman lui disait souvent, et elle avait raison. Elle en savait trop sur tout, ce n'est pas bon pour personne.

LUI

Avez-vous été surprise quand vous avez su la nouvelle?

LISA

Non... je ne sais pas... pas vraiment. Vous comprenez, ça faisait vingt ans qu'on attendait ce téléphone-là. Ça été cette fois-là. Il fallait bien que ça arrive un jour...

LUI

Oui mais... que ce soit votre sœur qui l'ait tuée, c'est différent, non?

LISA

Oui... peut-être. Oui, c'est différent. Mais ça donne le même résultat au bout du compte: elle n'allait plus jamais souffrir.

LUI

Qui n'allait plus jamais souffrir? Votre mère ou Léna?

LISA

Les deux peut-être. Vous ne pensez pas que Léna devait souffrir beaucoup pour aller jusque-là? Moi je dis qu'elle s'est soulagée.

LUI

Vous n'avez pas été surprise qu'elle ait tué votre mère?

LISA

Non, elle était tellement surprenante qu'on s'était habituées à tout avec elle. Elle faisait des coups de tête...

LUI

Oui mais elle n'avait jamais tué personne avant?

LISA

Je ne sais pas. Elle aurait pu. C'est drôle, on est trois sœurs, mais on ne se ressemble pas du tout.

LUI

Est-ce que vous lui en voulez?

LISA

Lui en vouloir? Laura dit que je suis trop molle dans mes réactions, que c'est horrible ce qu'a fait Léna. Mais moi je me dis que maman ne souffrira plus. C'est tout ce que je vois et je ne veux rien voir d'autre.

LUI

On dirait que cette histoire vous est égale...

LISA

C'est une histoire entre Léna et maman. Et aujourd'hui je ne pleure plus jamais pour rien. Est-ce qu'ils vont la condamner ou la faire soigner? Elle a toujours été un peu folle vous savez. Ce n'est pas de sa faute. Avez-vous fini? Je dois passer prendre mon fils chez son père...

De retour à Léna et à l'inspecteur.

LUI

Alors, cet «accident», vous le laissez tomber?

ELLE

Jamais. Lisa n'a pas changé. Je ne sais toujours pas si elle me hait ou si elle m'admire secrètement. M'aimer, ça...

LUI

Ça ne vous fait ni chaud ni froid...

ELLE

Ça fait longtemps que je vis en dehors des températures et de leurs intempéries, monsieur l'inspecteur. Je suis née avec un parapluie, un paratonnerre intégré, dans un abri anti-nucléaire.

LUI

Votre humour ne se dément jamais. Contre vents et marées, pour continuer dans les comparaisons climatiques. Léna...

ELLE

Oh!... Où est passé mon nom de famille? Que me vaut cette attaque subite d'intimité monsieur l'inspecteur?

LUI

Vous ne pouvez pas m'écouter sérieusement une seconde? Une seconde seulement? Mademoiselle Fulvi, ou madame, ou Machin-Chouette, je m'en fous.

Après avoir bien écouté les dépositions de vos sœurs, après avoir relu la vôtre — si on peut appeler déposition cette espèce d'autobiographie fantaisiste —, après avoir revu tous les éléments du dossier...

Je vais vous dire quelque chose de complètement farfelu, je vous préviens...

Après avoir consulté cette masse d'informations qui va dans le même sens — aucun élément de contradiction flagrant, tout prouve la haine —, j'en suis venu à la conclusion que je me suis trompé à votre sujet. Je suis parti

sur une fausse piste sur laquelle *vous* m'avez entraîné.
J'ai été un peu naïf...

ELLE

Aboutissez. Qu'est-ce que vous avez découvert de si nou-
veau? Vous m'intriguez...

LUI

Ah! un bon point pour moi, j'ai réussi à l'intriguer.
J'en suis venu à la conclusion que, loin de détester votre
mère, vous l'adoriez. Et que c'est par amour que vous
l'avez tuée, contrairement aux apparences. Qu'est-ce que
vous dites de ça, Léna Fulvi? C'est la même hypothèse,
mais à l'envers.

> *La réponse de Léna se traduit d'abord par un fou-*
> *rire inextinguible, long, contagieux. L'inspecteur*
> *finit par rire lui aussi, un peu malgré lui, un peu*
> *jaune. Dans son rire, Léna hoquette quelques*
> *phrases.*

ELLE

Par amour... par amour... c'est la meilleure que j'ai
jamais entendue...

> *Et elle rit, et elle rit. Elle se lève de sa chaise,*
> *s'approche de l'inspecteur en continuant de rire*
> *aux larmes, elle s'accroche à son cou, et lente-*
> *ment, elle se met à sangloter et à lui fesser la*
> *poitrine avec ses poings.*

ELLE

Vous n'avez pas le droit. Vous n'avez pas le droit de me
dire *ça*. Contentez-vous de vos preuves lumineuses. Vous
les avez vos preuves? Pourquoi chercher ailleurs? Sale

type... sale type (*Et elle continue de fesser sur lui qui se laisse faire.*) Je vous déteste tous. Je la détestais *elle* depuis trente-cinq ans et je l'ai tuée à cause de ça. Je me suis vengée de sa froideur, de son sale caractère. Contentez-vous de ça. Elle était inaccessible. Elle ne voulait jamais qu'on la touche. Je l'ai tuée à cause de ça. Il n'y a rien d'autre à comprendre, psychologue de mon cul. Vous n'aviez pas le droit de me dire ça, pas le droit. Je veux dormir, dormir, dormir...

> *Léna pleure sans arrêt en glissant lentement le long du corps de l'inspecteur auquel elle n'a pas cessé de s'accrocher. Elle finit en boule à ses pieds, comme un petit chien. Elle pleure plus silencieusement. On peut imaginer qu'elle s'est endormie.*
>
> *L'inspecteur prend le téléphone, sans bouger de sa position, comme s'il avait peur de casser quelque chose.*

LUI

(*En murmurant.*) Pierre? Viens vite. Quelqu'un vient de se défaire devant moi et je ne sais pas comment ramasser les morceaux.

Il raccroche, le regard fixe.

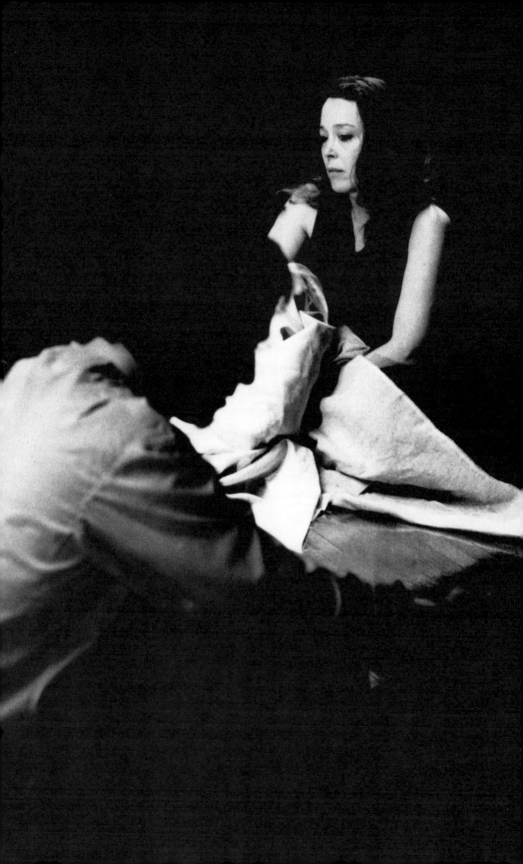

Troisième partie

Dans la cellule de Léna Fulvi, qui ressemble étrangement au bureau de l'inspecteur. En supposant qu'il ait pu y avoir un divan dans le bureau, celui-ci est devenu un lit simple. C'est la seule différence marquante. Autrement, les objets sont disposés de la même façon: le bureau, la chaise. Pareillement, le bureau est rempli de papiers, mais il n'y a pas de téléphone. Et dans la fenêtre, en supposant qu'il y en avait une dans le bureau, s'est ajouté un grillage, préférable aux barreaux traditionnels. Tout ça pour que le public ne se rende pas compte immédiatement que nous avons changé de lieu. En gros, il verra en premier lieu le grillage, ensuite le lit et ensuite l'absence de téléphone.

Cette partie est écrite dans une alternance de répliques courtes et de répliques longues. Comme un spasme, une contraction: celle de l'accouchement ou d'un battement de cœur? Tension, repos. Tension, repos.

L'inspecteur est assis, la cravate défaite, sur une chaise droite, les coudes appuyés sur le bureau plein de papiers (auxquels il ne touche pas). Il fume lentement, éclairé seulement par une veilleuse branchée dans une prise près du plancher. Il aspire et expire les bouffées de sa cigarette assez bruyamment, comme le «soldat dans la tranchée». Dans cette scène, il fume plus que dans la scène précédente, allant même parfois jusqu'à s'allumer au mégot qu'il vient de finir, mais pas du tout nerveusement. Il est lent. Le ton du début de cette scène est calme, posé, comme après l'amour, comme au-delà de la tension. La fumée des cigarettes qu'elle et lui fumeront fait partie intégrante de l'ambiance de cette scène, comme un petit brouillard sur l'aube, l'été, quand la chaleur s'annonce moite et le soleil tout-puissant, avant la déchirure du jour, quand la clarté se devine davantage qu'elle ne se voit.

Pendant toute la scène, l'inspecteur garde le même ton posé. Au début, Léna lui parle sur ce même ton. Mais plus la scène avance, plus elle a le vertige. Son ton n'est plus jamais celui de la colère, de la rage, du cynisme. Plutôt écorché, cru, à vif, mais pas «emporté». Je vois cette scène devenir très «physique» entre elle et lui au fur et à mesure que Léna descend, au fur et à mesure qu'elle manque d'air. Et l'inspecteur fait office de bombonne d'oxygène. Il lui «tient le corps» pour lui éviter d'être emportée par les vagues d'émotions violentes qui la submergent. Accoucheur? Maître Zen? Punching-bag volontaire? Comme vous voulez, un peu de tout ça certainement. Le jeu est physique, mais il n'y a pas de brusquerie. Il faut sentir le pas à-pas, l'avancée lente mais inexorable.

Léna est étendue sur son lit. Elle sort des couvertures et s'appuie contre le mur, ses bras entourant étroitement ses jambes pliées. L'inspecteur se tourne vers elle.

LUI

Vous avez dormi vingt heures.

ELLE

Ah!... vous êtes là depuis quand? (*Elle parle lentement, encore sous l'effet des somnifères.*)

LUI

Depuis les débuts de votre... humanité...

ELLE

Ils m'ont donné un somnifère. Pourquoi êtes-vous là?

LUI

J'avais peur avec vous, je vous l'ai déjà dit.

ELLE

Vous pensiez que j'allais me suicider?

LUI

Je n'ai pas pris de chance.

ELLE

Vous aviez peur que je meure en emportant mon «secret»?

LUI

Non.

ELLE

Vous pouviez me faire garder par quelqu'un d'autre.

LUI

Oui.

ELLE

Alors, pourquoi vous?

LUI

Je suis toujours mes dossiers de très près, seul.

ELLE

Je suis un dossier?

LUI

Non.

ELLE

Vous auriez dû aller dormir. Si j'avais eu à me suicider, je l'aurais fait bien avant vous. Je n'ai jamais envisagé cette solution. C'est comme ça. Je n'ai pas de mérite. Je n'ai pas plus de vitalité qu'une autre, j'ai peur de la mort, c'est vulgaire.

LUI

Moi aussi.

ELLE

On pourrait fonder un club?

LUI

C'est votre humour qui vous sauve, n'est-ce pas?

ELLE

De temps en temps.

LUI

Et le reste du temps?

ELLE

Le sommeil.

LUI

Jamais l'amour?

ELLE

Quel amour?

LUI

L'amour humain...

ELLE

Saviez-vous que c'était le titre d'un très mauvais film québécois, vaguement porno? Avec Jean Coutu je crois...

LUI

C'est vrai, excusez-moi. Disons l'amour tout court... entre deux êtres.

ELLE

Ça manque d'élévation... Nous sommes profondément vulgaires. Je vous scandalise? Je n'ai pas d'eau tiède à mon robinet: ou je me brûle, ou je me glace, mais je suis toujours vaguement outrancière. J'appelle ça mon petit côté Anna Magnani. Vous voyez le genre?

LUI

J'ai vu!

ELLE

La haine est souvent plus confortable. Plus pure aussi.

LUI

Vous cherchez la pureté?

ELLE

Oui. Mais je ne la trouverai pas.

LUI

Vous êtes battue d'avance...

ELLE

Non, je préfère chercher quelque chose qui n'existe pas plutôt que de trouver quelque chose qui ne m'intéresse pas.

LUI

Il faut parfois aller dans la boue pour trouver un diamant...

ELLE

Je sais, j'y vais.

LUI

Le problème avec vous, c'est qu'on ne peut rien vous apprendre. Vous avez réponse à tout.

ELLE

Si j'avais réponse à tout, je ne serais pas ici. Et je me serais certainement suicidée. Si je vous donnais un «je ne sais pas» comme réponse, vous ne seriez pas plus content. Alors quoi? Vous voudriez me sentir faible et sans défenses? Incertaine? Je vous empêche de vous prendre pour mon père? C'est ça? J'en ai eu un déjà. Ça va. Il était faible et sans défenses. Et pourtant, c'est avec lui que je me suis sentie le plus protégée. Vous voyez comme il n'y a rien d'évident. J'étais sa petite fille, je n'avais pas encore de réponses toutes prêtes, et tout allait bien. Je n'ai pas besoin de revivre ce qui m'a profondément comblée, même si je l'ai perdu.

LUI

Vous me rassurez...

ELLE

Menteur! Je vous insécurise comme jamais personne ne vous a insécurisé.

LUI

Touché.

ELLE

Honnête au moins.

LUI

Vous êtes dure...

ELLE

C'est une qualité, la plupart des êtres humains ne le sont
pas assez. Ils plient à tout vent, ils se font sculpter par
n'importe qui, ils trahissent. La dureté est un long travail.

LUI

Je ne vous accuse pas d'être insensible...

ELLE

Je sais. Moi je me suis endurcie pour vivre. Sinon ça n'é-
tait pas possible.

LUI

Alors le mot «dure» n'est peut-être pas le bon mot.

ELLE

Peut-être. C'est le vôtre, mais je l'adopte. Pour l'instant.
Il ne signifie pas qu'on ne peut pas me traverser. Au
contraire. On peut mieux me traverser parce que je suis
dure. Dans un sable mou, on s'enfonce sans arrêt. J'en-
tends tout ce qu'on me dit quand on me traverse. Je ne
suis pas devenue dure pour me protéger de la souffrance.
Pas du tout. Mais c'est mieux d'avoir un scaphandre pour
retrouver l'épave du Titanic. Des palmes et un masque
ne suffisent pas à ces profondeurs. Disons que je porte
un scaphandre.

LUI

Vous repartez encore dans vos images...

ELLE

Vous savez... les images... j'en ai vraiment besoin. Je ne
les utilise pas pour vous déjouer ou pour fuir. Elles sont
une manière de vérifier ce que je sens. J'ai besoin de con-
cret quand je suis dépassée par les événements. On les

prend pour de l'esbroufe, de l'habileté, de la haute voltige en vue de tromper ou de changer de sujet. Non non, jamais. Quand je fais une image, c'est que je suis en plein cœur du sujet, sinon les images ne viennent même pas. Êtes-vous capable de comprendre ça?

LUI

J'apprécie que vous fassiez des pas vers moi. C'est moi qui vais partir d'une image maintenant, celle du scaphandre. Si j'ai bien compris, la thèse de l'accident était votre scaphandre.

ELLE

Vous avez bien compris.

LUI

Et si vous l'enleviez ce scaphandre?

ELLE

L'enlever? Je meurs. Et je ne veux pas.

LUI

Vous ne le gardez quand même pas pour dormir?

ELLE

Je dors souvent avec les vêtements qui ont passé la journée avec moi. Ça me rassure.

LUI

Mais un scaphandre est un vêtement bien encombrant...

ELLE

Il y a des choses bien plus encombrantes qu'un scaphandre.

LUI

Quoi?

ELLE

Les émotions par exemple...

LUI

Quelles émotions?

ELLE

Toutes! La peine, la fatigue de fond qui vient avec... tout ça...

LUI

La fatigue de fond?

ELLE

Je crois que je ne me suis jamais remise de ma naissance...

LUI

Vous ne vous êtes jamais reposée depuis?

ELLE

Jamais.

LUI

C'est difficile à croire.

ELLE

La jungle, le trafic incessant, les bombardements, les glissements de terrain, la terre qui passe son temps à s'ouvrir sous nos pieds...

LUI

Des images encore...

ELLE

... les inondations, les tremblements de terre, les attaques de paralysie, les raz-de-marée, les gifles...

LUI

Arrêtez...

ELLE

… les hécatombes, les face-à-face dans un virage, les morsures, les intoxications…

LUI

J'ai compris.

ELLE

Comment une seule personne peut-elle suffire? On devrait être plusieurs sur une même vie. Seule on n'y arrive pas. C'est pour ça qu'on tombe en amour, parce qu'on n'y arrive pas. On appelle même ça «partager *une* vie». Ça dit bien ce que ça veut dire, non? Vous voyez bien que je ne comprends pas tout. C'est même le plus important que je ne comprends pas.

LUI

Quoi?

ELLE

J'ai l'impression d'être toujours passée à côté des choses importantes…

LUI

Comme quoi?

ELLE

Vous voulez encore parler de ma relation pourrie avec ma mère? Je l'ai tuée, qu'est-ce que vous voulez de plus? Je ne vous parle plus d'accident, vous devriez être content?

LUI

Pas tout à fait.

ELLE

J'en ai marre. Laissez-moi tranquille.

LUI

Admettez que vous aimiez votre mère.

ELLE

C'est impossible.

LUI

Pourquoi?

ELLE

Je n'ai pas de preuves.

LUI

De preuves?

ELLE

Avez-vous trouvé une seule personne dans mon entourage qui vous dise que j'aimais ma mère?

LUI

Non.

ELLE

Alors comment voulez-vous que j'y croie? Je l'ai aimée quand j'étais petite, je l'ai voulue, j'ai essayé de la séduire, j'ai tout fait. Elle n'a rien voulu savoir. Alors je me suis mise à lui faire payer, à la détester. Et mon histoire de haine avec elle est dix fois plus longue que ma tentative d'amour. C'est la haine qui l'a emporté.

On ne fait pas d'enfant quand on est incapable de leur donner de l'affection.

LUI

Vous êtes dure...

ELLE

Vous vous répétez.

LUI

Radicale?

ELLE

Et monstrueuse, oui. Aujourd'hui, je pars quand on ne m'aime pas. Je n'ai plus besoin de détester qui que ce soit. Mais où voulez-vous aller à trois ans, quatre ans? C'est long l'enfance, vous savez... Je n'ai jamais compris pourquoi on prêtait tant de merveilles à l'enfance. C'est une prison à sécurité maximum. Alors la sentence du juge, je m'en fous.

LUI

Pourquoi ne l'avez-vous pas étranglée de vos propres mains pour la sentir mourir comme il faut? Quand on déteste quelqu'un à ce point, on ne lui choisit pas une mort aussi douce qu'une bulle d'air dans une veine...

ELLE

Il n'y a pas de mort douce. Où avez-vous pêché ça? Vous l'avez dit vous-même, j'ai bien prémédité mon geste. La vengeance est un plat qui se savoure...

LUI

Mais pourquoi ce soir-là en particulier? Le jour de son anniversaire. Vous étiez près d'elle depuis une semaine. Pourquoi pas avant?

ELLE

Mes sœurs étaient toujours là.

LUI

Vous avez pourtant réussi à les faire partir facilement ce soir-là. Vous auriez pu le faire avant. Non, non. Vous l'avez dit vous-même, c'était bien la centième fois qu'elle agonisait, qu'elle était sans défenses devant votre haine implacable. Pourquoi pas des années auparavant? Pourquoi ce soir-là?

ELLE

Je ne sais pas.

LUI

Aviez-vous déjà pensé à la tuer?

ELLE

Souvent. Surtout quand j'étais enfant.

LUI

Oui mais, une fois adulte, on oublie ses pulsions d'enfant.

ELLE

On ne les oublie jamais.

LUI

Mais on n'a plus nécessairement envie de les concrétiser à 35 ans...

ELLE

Quand on est normale.

LUI

Parce que vous n'êtes pas normale?

ELLE

Si, la plupart du temps. Désespérément normale. Mais j'ai des absences. Quand on est obsédé, on est absent du reste.

LUI

Et vous étiez obsédée?

ELLE

Oh!... je me suis fait une vie quand même. Mais je ne finissais pas mes phrases...

LUI

Que voulez-vous dire?

ELLE

Dans la vie, quand on parle, il arrive souvent qu'on ne finisse pas ses phrases. On fait la même chose avec des textes, des gestes, des amours, n'importe quoi. On ne finit pas, on passe à autre chose. Je sais que ce paquet de choses inachevées finit par faire un tout. Je me promène dans l'existence, en apparence au complet, mais avec cette profonde sensation qu'il me manque quelque chose et que ça doit paraître. J'ai l'impression que tout le monde ne voit que ça, ce qui me manque...

LUI

Quoi?

ELLE

Un corps... Je bouge, je ris, je crie, j'ai la peau douce, et pourtant je me sens comme un fantôme. Ma mère n'avait pas de mains pour toucher. La sculpture n'était pas son fort. Alors je me cherche un corps. Vous n'en auriez pas un sous la main?

LUI

Vous avez pris celui de votre mère puisque vous l'avez tuée. Ce n'est pas suffisant?

ELLE

Un corps marqué, fini, torturé, déformé comme de la plasticine entre les mains d'un fou... Il était trop tard monsieur l'inspecteur. Bien trop tard.

LUI

Un corps pourtant chargé de vitalité... Je ne vous croyais pas aussi sensible aux apparences...

ELLE

Prenez garde à ce que vous dites...

LUI

Et vous, qu'est-ce que vous ne me dites pas? Vos mots sont des écrans, chacun d'eux porte un gilet pare-balles, comme si j'étais armé jusqu'aux dents. Pourquoi? De quoi avez-vous peur? Vous êtes organisée pour soutenir un siège. Pourquoi? Il n'y a pas d'armée à votre porte. Il y a un homme seul avec un drapeau blanc qui vous propose une trêve pour négocier une réduction de peine. *Une réduction de peine...* Vous pouvez prendre l'expression au pied de la lettre. Pourquoi toute cette protection? Vous savez, une forteresse résiste mieux à des canons qu'au virus de la peste. Méfiez-vous de l'invisible...

ELLE

Vous parlez bien pour un policier...

LUI

Moi aussi je sais utiliser les mots, mais je les sors seulement dans les grandes occasions.

ELLE

C'est un compliment? Ou peut-être cherchez-vous à me séduire? Les hommes font ça souvent: ils se forcent à s'élever pour impressionner, mais ils redescendent vite après. Ils ne sont pas capables de soutenir...

LUI

Qu'est-ce qui vous heurte dans ce que je vous dis? Je suis peut-être la seule personne dans votre vie qui soupçonne que votre relation avec votre mère était une relation d'amour passionnée.

ELLE

Je n'ai pas de preuves.

LUI

C'est tout décidé d'avance, n'est-ce pas? Vous ne voulez pas changer une virgule à votre scénario original. Je n'existe pas, vos sœurs n'existent pas, le juge n'existe pas. Votre intérieur est un prétoire où ne siège que votre culpabilité, en impératrice. Vous vous êtes mise au banc des accusés et vous avez contrôlé le procès de A à Z: vous avez soudoyé les jurés pour qu'ils vous condamnent, vous avez soudoyé l'avocat de la défense pour qu'il oublie certains détails qui pourraient aider votre cause, et vous vous êtes envoyée en prison à perpétuité.

Mais moi je viens tout foutre en l'air, je viens vous empêcher de payer comme vous l'aviez décidé. Votre scénario, c'est de la merde. C'est le plus mauvais film que j'ai jamais vu. Dites-moi que vous adoriez votre mère et que vous n'avez pas supporté qu'elle soit aussi froide, aussi lointaine, que vous n'avez pas supporté qu'elle tombe malade, et que vous les avez tous crus quand ils vous ont dit que c'était votre faute.

ELLE

Pas seulement eux. Ma mère aussi me l'a dit quand elle est sortie du coma. Elle a aussi dit à mon père de ne pas oublier de payer les taxes municipales. Je me demande s'il savait que ça existait des taxes municipales. Il pleurait tout le temps à l'hôpital. Parce qu'il ne savait pas du tout comment la vie fonctionnait. Il était perdu... perdu...

LUI

Et vous?

ELLE

Moi aussi. J'ai vécu pendant ces mois-là ma plus grande période de désarroi. Et vous avez raison: je les ai crus. S'ils avaient été les seuls à me le dire, j'aurais pu résister. Mais je n'ai pas pu résister à ma mère: elle, je l'ai crue sur parole. S'il y avait quelqu'un qui connaissait la cause de sa maladie, c'était bien elle.

LUI

Vous n'avez pas tué votre mère. Vous l'aviez déjà fait une fois selon vous. Pourquoi le faire deux fois? Vous ne l'avez pas tuée.

ELLE

Mais votre témoin oculaire? Il est objectif lui. Un témoin oculaire n'est pas une hypothèse de psychologie compliquée. Il est réel, il a des yeux, il parle, il accuse.

LUI

C'est vous qui allez me raconter ce qui s'est passé. Il s'est passé quelque chose de très précis pour que vous en arriviez là.

ELLE

Mais elle n'était pas morte en 67. Il fallait bien que j'achève le travail. Pour une fois que je pouvais achever quelque chose...

LUI

Ça ne colle pas. Vous l'auriez fait bien avant.

ELLE

Lisa a raison. Ce geste m'a libérée, si vous saviez...

LUI

Mais pas pour les raisons que vous invoquez. Ce geste ne vous a pas libérée de la haine, il vous a fait rencontrer l'amour. L'amour absolu. J'en suis certain maintenant.

ELLE

Vous me torturez inutilement...

LUI

Je ne vous torture pas. Je veux que vous ouvriez la porte.
Il s'est passé quelque chose de différent. Quelque chose
que vous n'aviez pas prévu dans votre scénario. Quelque
chose... Ouvrez cette porte... Ouvrez-là!

ELLE

Pourquoi voulez-vous voir ce qu'il y a derrière cette porte? N'êtes-vous qu'un voyeur comme tant d'autres?

LUI

Un voyeur n'agit pas.

ELLE

Alors qui êtes-vous?

LUI

Vous avez besoin de mon curriculum? Je n'en reviens pas
de la quantité de cautions, de formulaires en douze
exemplaires dûment certifiés que ça prend pour pouvoir
faire affaire avec vous. Même pas pour entrer chez vous,
seulement pour parler sur le pas de la porte.

ELLE

Alors pourquoi continuez-vous?

LUI

Pourquoi est-ce qu'on continue? Pour trouver des confirmations.

ELLE

Des confirmations de l'absurdité totale de la vie?

LUI

Des confirmations de ses intuitions...

ELLE

«C'est c'que tu penses, pis c'que tu penses, personne
pourra jamais toucher à ça, pis c'que tu penses, moi
j'sais, qu'c'est tout c'qui t'reste... qui t'reste à toi[1]...»
(*Elle chante, hors d'elle-même.*)

Moi, on m'a coupée de mes intuitions. On a prétendu le
contraire de ce que je sentais, et je n'ai pas eu d'autre
choix que de les croire puisque je n'avais pas d'alliés.
C'est dur de continuer de croire quand on n'a pas d'alliés. Dans ces conditions, c'est vraiment impossible de se
faire un avenir. Le futur lui-même n'a pas d'avenir dans
ces conditions précaires. L'instant est obèse, le passé est
rachitique, et demain n'existe pas. Toutes les absences
sont des morts, les bons moments sont des mensonges
peut-être, les gens qu'on aime sont tous des couteaux à
cran d'arrêt qui peuvent s'ouvrir à tout moment acciden-
tellement, il ne faut donc pas se tenir trop proche. On va
de bivouac en bivouac, permanents du provisoire, en
vieux habitués, et ça finit par faire une sécurité. Et pendant tout ce temps, on essaie de ne pas trop laisser de
morts derrière soi parce qu'on sait que c'est de la faute à
personne. Que c'est comme ça. Il y en a qui s'en sortent
plus mal et qui font des hécatombes autour d'eux. Ça
tombe comme des mouches. Moi j'ai essayé de limiter les
dégâts. Je n'ai détesté personne à cause de ça.

LUI

Même pas votre mère?

ELLE

Je croyais lui avoir pardonné.

---

1. «C'est sûr», de Suzanne Jacob.

LUI

Alors pourquoi l'avez-vous tuée? Que s'est-il passé ce soir-là?

ELLE

Il fallait que je fasse quelque chose. C'était urgent. Je n'étais capable d'aimer personne d'autre parce qu'elle ne m'avait pas répondu.

LUI

Répondu à quoi?

ELLE

À mon amour. Elle avait le don de tout balayer d'un revers de la main, comme si rien n'était important. Et moi, je la croyais. Je l'ai toujours crue. Ses mouvements d'impatience quand je l'embrassais, ses moitiés de phrases, son air occupé quand je lui apportais un bouquet de marguerites dans lequel j'avais mis tout mon amour en les ramassant, croyant que l'amour ne pouvait pas faire autrement que d'être contagieux quand il était grand comme ça.

LUI

Vous l'aimiez vraiment beaucoup.

ELLE

Oui. Vraiment beaucoup. Mais ça n'a pas duré, comme vous avez pu le constater dans les différents rapports que vous «collectionnez» sur moi. Vous vous êtes donné du mal pour rien. Ils disent tous la même chose.

LUI

C'est ça le propre d'une «collection»... Vous venez encore de me refermer la porte sur les doigts.

ELLE

Enlevez-les de là, c'est simple.

LUI

Je pensais pouvoir vous aider. J'aurais aimé faire quelque chose pour vous, changer le cours de...

ELLE

... de ma vie? Le reste de ma vie est tout tracé.

LUI

De vos mots surtout. De vos mots. De multiples torrents qu'il faudrait harnacher. Vous êtes sauvage.

ELLE

«Elle était farouche. Personne n'avait jamais songé à lui prendre la main.» Une vieille phrase... je me cite...

LUI

Et quand on essaie de la prendre, cette main, vous mordez. Il faudrait savoir ce que vous voulez. Mais comme je suis moi-même un être buté et coriace, je vais faire une dernière tentative avec vous. Vous ne voulez pas ouvrir la porte? Pour aérer seulement, pour aérer. Ça doit sentir le renfermé là-dedans.

ELLE

Je suis fermée pour rénovations. Il faudra attendre la nouvelle administration...

LUI

Encore de l'humour.

ELLE

Heureusement de l'humour.

LUI

Pourquoi ne voulez-vous pas parler?

ELLE

Je n'arrête pas de parler.

LUI

Vous faites de la diversion.

ELLE

Merci pour la peine.

LUI

Que cachez-vous donc de si important pour avoir tant besoin du renfort de milliers de mots inutiles?

ELLE

Rien.

LUI

Vous cachez tout, le principal.

ELLE

Il n'y a pas de principal et de secondaire.

LUI

Il y a eu meurtre.

ELLE

Il y a eu meurtre.

LUI

Quelque chose s'est passé...

ELLE

Quelque chose s'est passé...

LUI

... qui a cassé momentanément votre raison.

ELLE

... qui a cassé momentanément ma raison.

LUI

L'accident était moins insupportable.

ELLE

L'accident était moins insupportable.

LUI

Pourquoi répétez-vous tout ce que je dis?

ELLE

Parce que c'est plus facile. Vos mots parlent plus que les miens. Je ne peux pas y arriver seule.

LUI

Vous avez besoin de moi?

ELLE

J'ai besoin de vous. Mais après, vous partirez. D'habitude je m'en vais, mais là...

LUI

C'est drôle de dire à quelqu'un: «Va-t'en parce que j'ai eu besoin de toi.» Je partirai. *(silence)* Où vous êtes-vous procuré cette seringue?.

ELLE

Une amie infirmière.

LUI

Elle savait ce que vous alliez faire avec?

ELLE

Non. Il fallait que je sois seule avec mon acte. J'avais un besoin fou d'intimité avec cet acte.

LUI

Le nom de cette femme?

ELLE

Vous ne le saurez pas.

LUI

Elle ne vous a rien dit quand elle a su?

ELLE

Rien. Ou elle avait peur pour elle, ou elle avait confiance en moi. Je ne sais pas discerner ce genre de subtilité.

LUI

Mais vous préférez croire qu'elle avait peur pour elle?

ELLE

Oui. C'est plus facile.

LUI

Pourquoi avez-vous tué votre mère?

ELLE

Parce qu'elle me l'a demandé.

LUI

Quand?

ELLE

La veille.

LUI

L'auriez-vous fait sans qu'elle vous le demande?

ELLE

Non.

LUI

Vous auriez pu refuser...

ELLE

Elle me l'a demandé à moi, vous comprenez? À moi, à personne d'autre. Elle m'a demandé de lui *donner* la mort. Comme un cadeau. Je ne pouvais pas lui refuser. Elle a eu besoin de moi, de moi seule. Elle savait que ça prenait une over-dose d'amour pour y arriver. Et c'est à moi qu'elle l'a demandé. À moi. À moi qui l'avais déjà tuée une fois. Comprenez-vous ce que ça signifie? Elle m'aimait. Elle m'aimait! Je l'ai vu cette nuit-là. Elle m'a dit: «Comme tu ressembles à ton père», au moment où je me rendais compte, pour la première fois de ma vie, qu'elle et moi on avait les mêmes yeux, la même bouche, le même point de beauté sur la joue droite. J'étais sa fille, vous comprenez? C'était la première fois que je le voyais, que je le voulais. Elle m'a dit: «Je ne veux plus souffrir, je compte sur toi». *Je compte sur toi.* Elle voulait mourir de ma main. Je compte sur toi... Elle ne m'avait jamais rien demandé. J'ai dit: «Oui maman!» Je lui ai dit *oui.* Alors qu'on ne s'était jamais parlé avant. Je lui ai dit oui.

LUI

Et le lendemain?

ELLE

Je suis arrivée près d'elle, et sans un mot, j'ai sorti la seringue.

LUI

Elle était consciente?

ELLE

Complètement. L'eau lui est montée aux yeux, elle a souri, elle m'a fait un signe de la main comme pour dire au revoir, et elle a dit: «Bye.» Puis elle a fermé les yeux.

LUI

Elle n'a pas souffert?

ELLE

Allez donc essayer d'identifier *une* souffrance quand la souffrance est omniprésente. Elle ne s'est jamais plainte. On l'entendait dans son corps la souffrance. Pas dans sa bouche.

Je lui ai fait la piqûre et ça n'a pas été long. Elle a eu un léger spasme, comme quand on dort et qu'on sursaute. C'est tout. Son corps s'est détendu à ce point qu'il s'est complètement refait entre le moment où elle est morte et le moment où garde Bouchard est entrée dans la chambre.

LUI

À quelle heure est-elle morte?

ELLE

À minuit 20.

LUI

Ce geste que vous aviez imaginé pendant des années à cause de la haine, vous le commettiez dans la réalité à cause de l'amour...

ELLE

Oui. C'est dur à comprendre.

LUI

Vous préfériez l'accident.

ELLE

Elle se remettait entre mes mains pour une caresse ultime. Je lui ai fait *une seule* caresse dans ma vie. Une seule. C'est elle qui m'a demandé de la caresser. Et en même temps, elle ouvrait la porte blindée entre nous.

Doucement, sans explosifs. Puis est elle partie sans me laisser seule, pour une fois. C'est une femme formidable.

LUI

Qu'avez-vous fait après? Nous vous avons cherchée...

ELLE

Après?... Je suis allée marcher au bord de l'eau, dans le sable mou, sur la grève du lac Kénogami. Il faisait si chaud.

Je revois garde Bouchard me regarder, hagarde, incapable de dire un mot. Elle ne savait pas quoi faire, elle était dans l'inconnu. C'est rare d'être témoin d'un acte d'amour. Je me demande si on peut s'en remettre.

LUI

Vous aurez probablement une sentence légère si vous tombez sur un juge compréhensif. Il y en a vous savez...

ELLE

Oui.

LUI

Ça va?

ELLE

Je ne sais pas.

LUI

Avez-vous besoin de quelque chose?

ELLE

Je ne sais pas.

LUI

Vous êtes fatiguée. Je vais vous laisser dormir.

ELLE

Oui.

LUI

Je ne sais pas pourquoi j'ai fait ce voyage: peut-être pour le faire avec vous...

ELLE

Je comprends.

LUI

Pas moi.

ELLE

C'est sans importance.

LUI

Je vais retourner à mes fleurs. Je les ai un peu délaissées ces derniers temps. J'ai une serre vous savez...

ELLE

Oui je sais.

LUI

Je vous en ai déjà parlé?

ELLE

Non. Ce n'était pas nécessaire.

LUI

Vous êtes une drôle de fille.

ELLE

Oui, drôle.

LUI

Oui.

ELLE

Peut-être...

LUI

Oui.

ELLE

On va...

LUI

Oui.

ELLE

C'est...

LUI

Oui.

ELLE

Alors...

LUI

Oui.

ELLE

Bon.

LUI

Oui.

ELLE

Bye...

LUI

Bye...

L'inspecteur sort lentement après en être arrivé au silence avec elle.

LA CHANSON DU DESTIN AVEUGLE

La ville était ce matin-là
Couleur de miel et de melon
Juillet tranquille de ville vide

Une femme marchait le long de l'eau
Elle avait l'air d'être arrivée
D'être rendue plus loin qu'il faut

Juillet flottait en brume chaude
Au ras de l'eau comme un parfum
C'était comme si la terre fondait

Cette femme transportait sa vie
Dans une valise plus vide encore
Qu'un trou béant dans un mur gris

Juillet crevait dans sa moiteur
Même à six heures, même à midi
On aurait cru que l'air manquait

Cette femme a-t-elle été aimée
Pour être seule ce matin-là
Une valise vide dans ses yeux noirs

Juillet pourtant changeait le monde
Il n'avait pas de clameurs sèches
Ni de sursauts qui cassent les corps

Cette femme a-t-elle été aimée
Par quelqu'un qui *voulait* la voir
Miser sur tout ce qui lui manque

Cette femme a-t-elle trop risqué
Quitte ou double de toute vie
Quand c'est la seule qu'il nous reste

Cette femme a-t-elle déjà payé
Un prix plus élevé que sa vie
Comme on fait dans tout monde triste

Cette femme a-t-elle déjà aimé
Comme on ne devrait pas aimer
En donnant toujours plus qu'elle-même

Juillet ne prenait pas la peine
D'être si lent pour ses beaux yeux
Il y avait tant de chaleur vaine

Cette femme ne faisait voir de rien
Quand il s'agissait de sa vie
Elle souriait dans les salons

Juillet crânait dans sa douceur
Il savait bien qu'il était seul
Alors qu'il voulait être mille

Cette femme a-t-elle été aimée
Pour être seule ce matin-là
Une valise vide dans ses mains vides

DÉPART: Katevale, nuit du 9 au 10 janvier 82
FIN: Montréal, 2 août 87

CET OUVRAGE
COMPOSÉ EN GARAMOND RÉGULIER CORPS 12 SUR 14
A ÉTÉ ACHEVÉ D'IMPRIMER
LE VINGT-NEUF JANVIER
MIL NEUF CENT QUATRE-VINGT-HUIT
PAR LES TRAVAILLEUSES ET TRAVAILLEURS DES PRESSES
DE L'IMPRIMERIE MARQUIS
À MONTMAGNY
POUR LE COMPTE DE
VLB ÉDITEUR.

IMPRIMÉ AU QUÉBEC (CANADA)